Así en la Tierra como en el Cielo

Prólogo

En estas líneas deseo genuinamente proporcionarles unas valiosas palabras sobre **Laura Luisello y Claudia De Brasi**, las hermosas compañeras, hermanas, amigas y seres de luz en el camino de la evolución de mi espíritu y el de muchos otros seres.

A medida que iba leyendo el libro *Así en la Tierra como en el Cielo*, de una manera pausada, absorbiendo el conocimiento que transmiten las autoras a través de sus experiencias, iba sintiendo cada vez más la profundidad y la importancia de las verdades del espíritu que plasman en esta obra a lo largo de sus escritos.

Desde mi propia y cercana vivencia, deseo comentarles que lo que ellas transmiten siempre es su esencia, su luz. No tienen otro objetivo sino el de transmitir verdades del ser y ayudar a otros.

Este libro es el fruto de sus vidas y de los anhelos más profundos de sus almas. Son personas "reales" que buscan su propia maestría del corazón y que con su ejemplo llegan a miles de seres humanos que desean sentirse seres más plenos y auténticos.

Lo que describo no es meramente una experiencia, sino un proceso en el que acompañé a ambas como hermana y amiga del alma. Laura y Claudia transmiten sus experiencias de vida y su búsqueda de un modo auténtico, humilde y amoroso. Ellas me han orientado y guiado en muchas oportunidades abriéndome las puertas de su creación desde su programa de radio, ayudándome a ganar confianza en mí misma e impulsándome.

Es un honor para mí tener este espacio para agradecerles a ellas, a nuestros Guías Espirituales, al Padre, al Universo, por invitarme a acompañarlas en este camino a través de estas líneas, apoyándolas con toda la luz que el Cielo dispone para ellas y para todos.

Dominique Laplacette

Introducción

Seguramente te preguntarás, como habitualmente todos lo hacemos antes de comenzar la lectura de un libro, sobre qué tratará *Así en la Tierra como en el Cielo*. En este libro no encontrarás ninguna fórmula secreta ni pasos a seguir, tampoco comenzarás a ver «la luz» ni «seres», como algunas personas dicen.

Experimentarás el proceso de despertar de la conciencia a medida que leas e internalices las palabras que aquí están escritas.

Te preguntarás cómo será posible eso. Cuando leemos frases que son verdades universales, nuestra alma, que tiene memoria, REACCIONA y comienza a despertar, entonces nosotros nos despabilamos del sueño en el que estamos inmersos debido a la rutina de la vida. De este modo, nos abrimos a la posibilidad de que exista «algo» más allá de lo que nuestros sentidos pueden captar en nuestra «mente de tercera dimensión», como se la llama comúnmente. Ese «algo» es un maravilloso mundo invisible de energías y vibraciones que esperan pacientemente el despertar de la humanidad.

En este libro ofrecemos aquellas herramientas del Cielo, que, en nuestra experiencia personal de búsqueda interior, hemos comprobado que ayudan al crecimiento de la espiritualidad cuando las aplicamos a nuestra vida en la Tierra. No tenemos que olvidar que somos seres terrenales y por eso debemos honrar y agradecer la vida que llevamos, poner en práctica la espiritualidad que traemos del reino de los Cielos. Si entendemos que Dios está en todo, el OTRO también es parte del él. Ayudar con amor y compasión a nuestro prójimo nos permite acercarnos a un mundo de amor universal. Pero, por el momento, en la Tierra es donde eso es posible. Los que aquí estamos debemos realizar nuestro trabajo personal para evolucionar atendiendo con amor nuestras relaciones, nuestro trabajo, nuestra salud, la vida misma.

A través de la lectura de este libro tu corazón experimentará un despertar de la conciencia, podrás RECORDAR eso que la humanidad ha olvidado por largo tiempo: ¡QUE VENIMOS A LA MATERIA PARA APRENDER ASUNTOS DEL ESPÍRITU A TRAVÉS DE ELLA, LA VIDA MISMA!

Así en el Tierra como en el Cielo

Todo el bien que hacemos a los demás también nos favorece. Siempre quien se enriquece es el amor, él es el que va creciendo. Cuando el amor vaya creciendo en el corazón de cada uno, no será difícil pensar que el mundo cambiará para mejor, porque no solo consideraremos nuestra vida, sino la de los demás también…

El amor de Dios lo es TODO, está en TODO. Nosotros somos parte de su creación y tenemos que acercarnos a ÉL *trayendo el Cielo a la Tierra*, que es lo que ÉL QUIERE para cada uno, poniendo en práctica lo que hemos aprendido. Esto nos servirá para vivir en la Tierra como seres de luz y también nos será útil a donde vayamos una vez que desencarnemos. Y, tal vez, de esta manera, estaremos contribuyendo con la Gran Hermandad al despertar de la humanidad.

Al amor hay que encarnarlo a través de nuestra vida, de nuestra obra, porque eso es lo que Jesús y los grandes maestros vinieron a mostrar al mundo.

Capítulo 1

Pasar a ser puerto
de tu propia vida

Imagina que eres un barco y que la vida es un océano. Como todos los seres que encarnan en la Tierra, nacemos de un puerto (nuestra madre), y el mismo día de nuestro nacimiento nos embarcamos en una maravillosa aventura en ese océano. A medida que lo vamos atravesando nos encontramos con algunas tormentas, momentos de calma, noches oscuras, a veces muy oscuras, que compartimos con distintos seres, de los cuales, eventualmente, nos alimentamos y aprendemos.

En muchas ocasiones, nos sentimos perdidos en la inmensidad de ese océano, incluso continuamos navegando a ciegas. Sin embargo, el universo nos sigue guiando a través del cielo y las estrellas para que no perdamos el rumbo. Si estamos atentos y seguimos nuestra intuición, podremos ver desde lejos «EL FARO DE LUZ», que siempre alumbra, especialmente en la noche. Los faros se encuentran muy cerca de los puertos, ya que son el punto de llegada y de salida de los barcos. Como seres humanos podemos identificar estos faros, que son ni más ni menos que personas que la vida nos va poniendo en nuestro camino, quienes simplemente nos muestran el camino y guían nuestro regreso a casa. Pasar a ser puerto implica el proceso de retornar a nuestra fuente para re-conectarnos con el gran espíritu. Este es un proceso individual ya que nadie puede hacerlo por nosotros mismos.

Para pasar a ser puerto en nuestras propias vidas es necesario tomar conciencia de que lo importante es aquello que SOMOS y que, en consecuencia, con nuestros actos y decisiones definimos lo que HACEMOS.

Existe un vasto y maravilloso mundo sutil, aquel que no pueden captar nuestros sentidos, pero sí pueden sentir nuestros corazones. Allí es donde reside la magia del amor capaz de transformar la materia.

Los grandes maestros espirituales que han encarnado en la Tierra, como Cristo, Buda, Krishna, Teresa de Calcuta, pero también los científicos importantes, como Einstein o Newton, vinieron a sembrar en la humanidad la semilla del «despertar de la conciencia». Estos son «tiempos de cosecha», tal como dice un gran maestro encarnado en la actualidad. La humanidad está comenzando a despertar masivamente a la conciencia de la existencia de este mundo sutil que nos abraza constantemente, en donde creamos nuestra realidad y despertamos de la ilusión.

Una sugerencia...

Las frases de este libro han sido escritas en total conciencia con el fin de aportar otro granito de arena para despertar la conciencia de quienes lo lean. Cuantos más seres tengamos presente este proceso y estemos atentos a él, más contribuiremos a que la humanidad ascienda y recuerde cómo vivir en PAZ, AMOR y CONCIENCIA.

El lenguaje con el que escribimos este libro es simple y es para TODOS. Las acciones que compartimos son pequeñas actitudes que en nuestra práctica diaria observamos que han tenido alto impacto positivo.

Hace tiempo comprendimos que venimos a la vida a experimentar quienes somos en realidad. Venimos a compartir nuestro aprendizaje porque en él tal vez se encuentre la riqueza y la solución para otros que estén transitando algo parecido. Esperando que esta lectura sea para el mayor bien de todos y los fines más altos, te invitamos a sumergirte en este gran viaje que comienza con el trabajo interno.

Capítulo 2

Empezar por uno mismo.
El orden interno

«Si quieres cambiar el mundo, primero cámbiate a ti mismo»

Esta maravillosa frase se hizo conocida por Gandhi, un gran maestro de la historia que movilizó a la India con manifestaciones multitudinarias y pacíficas. Esta es una gran verdad universal, sin embargo, en la práctica lo primero que queremos hacer es cambiar a los otros…

Comenzar el cambio ordenando nuestra vida es la pieza fundamental, solo podemos responder por nosotros mismos. El sistema familiar, al cual todos pertenecemos, se rige por algunas leyes. La primera es la *ley de la JERARQUÍA*, que afirma que nuestros ancestros, aquellos familiares que llegaron a la Tierra antes que nosotros, tienen mayor jerarquía que nosotros. Solo por ello merecen nuestro respeto, sin criticarlos, sin juzgarlos ni tratarlos de «pobrecitos». Nuestros padres son los únicos y los mejores para nuestro aprendizaje, y para llevar una vida ordenada es necesario honrarlos independientemente de lo que hayan hecho. Aunque nada los exime de sus actos y deben responder en el momento justo en que el Cielo así lo disponga, no somos los hijos quienes debemos juzgarlos. Si observamos a nuestro alrededor, aquellas personas que son jueces de sus padres viven en conflicto y se convierten en la fuente de toda infelicidad, pues a través de nuestros padres nos llega la VIDA, y cuando les decimos NO, le estamos diciendo NO a la VIDA. En cambio, quien toma a sus padres toma la vida y también la fuerza que llega a través de ellos y de todos sus ancestros; de este modo, crece y es FELIZ. Es por amor que decidimos encarnar y tomar los asuntos no resueltos de nuestros ancestros para ponerlos en la luz. Esa es nuestra verdadera herencia.

La segunda ley es la *ley de la INCLUSIÓN*, que sostiene que todos los miembros de la familia merecen un lugar en nuestro corazón, condición necesaria para estar en orden. Intentar ver a aquel que excluimos como a nosotros mismos, «ponerse en los zapatos de», es un gran ejercicio de empatía que expande nuestro corazón. Comúnmente se excluye al loco, al que posee adicciones y hasta a los embarazos y las pérdidas. Todos pertenecen al sistema familiar. Solo por ello merecen nuestro respeto.

La tercera y última ley es la *ley del BALANCE*, que afirma que nos sucede lo que nuestra alma necesita para seguir evolucionando, tanto lo positivo como lo negativo, porque al final del día todo forma parte de un indispensable y maravilloso equilibro. Aquella energía que vemos en el otro y nos molesta profundamente se encuentra dentro de nosotros. Identificarla y ponerla a la luz es el primer paso para ordenarnos y sanarnos. Sencillamente porque comenzamos a ser conscientes de la ira, de la envidia, de la falta de generosidad. Todo desequilibrio produce una fuerza contraria de balance.

Ejercicio n°. 1

Invocación: Junta tus manos en el centro de tu corazón, inclina tu cabeza llevando el mentón hacia el pecho y repite «INVOCO A MIS GUÍAS PERSONALES; INVOCO A MI YO SUPERIOR». Invoca a la energía máxima que conozcas (la Virgen, Buda, Krishna, Jesús, los Arcángeles, Kwan Yin) y tómate un tiempo para recibir esa paz que sentirás al realizar la invocación.

Tómate al menos un minuto al día para agradecer tu vida y también aquello que aún no has alcanzado. Bendice tu hogar, tu familia, tu trabajo, tu arte, lo que sientas en tu corazón...

Honra a tus padres y ancestros, sin criticarlos ni juzgarlos. Amarlos así como son, con sus imperfecciones, es el primer y mayor paso hacia nuestro orden interno.

***«Evitar la crítica despiadada y ejercer
la observación contribuye al equilibrio interno»***

La crítica con mala intención puede lastimar mucho más de lo creemos, no solo a otros, sino también a nosotros. La crítica constructiva puede ayudarnos a crecer y a descubrir el lado ciego que todos tenemos.

La OBSERVACIÓN es ver desde el SILENCIO, el cual nos lleva a entender y reflexionar acerca de una situación, sin criticar ni juzgar.

Al criticar nos cargamos de esa energía densa y nos quedamos con ella en nuestra aura ¡y sin saberlo la llevamos a todos lados con nosotros!

En ocasiones pensamos y juzgamos al otro sin saber lo que realmente le está aconteciendo. Es más fácil juzgar que ponernos un minuto en sus zapatos.

Ejercicio nº. 2

Cuando seas consciente de que estás criticando, tómate un momento de silencio y OBSERVA, podrás sacar más conclusiones que con muchas palabras. Si te encuentras en un lugar donde se está criticando a alguien y tú no compartes esas críticas, simplemente agradece en silencio poder ser consciente de esa situación y elegir NO SER parte de ello. A veces es posible exponerlo frente a los demás, otras veces no lo ES. Lo importante es que TÚ seas capaz de verlo.

Antes de juzgar, aquieta la mente y ponte en el lugar del otro por unos segundos para que puedas tener otra perspectiva.

«En el silencio recordarás
lo que tu alma ya sabe»

Con poca frecuencia recurrimos al silencio, los ruidos de la rutina inundan nuestro SER. Con el silencio se nutre nuestro interior, allí se encuentran las respuestas. No dejes pasar la oportunidad de tomarte unos minutos de silencio en la rutina del día, porque el silencio habla.

Siéntete cómodo en el estado de «no saber». Este estado te llevará más allá de la mente, porque la mente siempre está intentando concluir e interpretar; tiene miedo de no saber. Por eso, cuando te sientes cómodo en el «no saber», ya has ido más allá de la mente. De ese estado surge un conocimiento más profundo que proviene del espíritu.

«Eres mucho más que lo que ves en el espejo»

Cuando nos observamos frente al espejo vemos una limitada versión de lo que somos. Podemos ver aquello que nuestro sentido de la vista puede captar, pero somos mucho más que eso…

Hemos sido creados a imagen y semejanza, como dicen las Escrituras; como la Trinidad, somos «tres en uno»: cuerpo, mente y espíritu. Nuestra vista únicamente puede ver el exterior, pero no es posible captar la mente, y menos el espíritu. Algunas personas pueden ver el aura —también llamada «campo»—, esa energía que abraza la materia y la mantiene unida. A lo largo de toda su trayectoria, el Dr. Deepak Chopra, que se ha interesado en la física cuántica, ha descripto muy claramente ese fenómeno.

Con respecto al «tres en uno», es clave cómo nutrimos esos tres cuerpos que somos. Estamos acostumbrados a cuidar y alimentar nuestro cuerpo físico con consejos y dietas que leemos en distintas publicaciones que en muchas ocasiones nos provocan trastornos. Observa el tipo de alimentación que tienes, por ejemplo, si eres vegetariano o vegano, ya que para estar sanos y disponibles es fundamental nutrirnos saludablemente con alimentos poco densos que nos provee la Madre Tierra. A mayor densidad en la alimentación, mayor densidad en el cuerpo físico.

Busca el tipo de alimentación que tu cuerpo te esté pidiendo, intenta escuchar a tu cuerpo y satisfacer las necesidades de alimento que te demanda. Recuerda: cuanto más denso sea el alimento que ingieras, más denso te sentirás. Investiga y estudia lo que es mejor para ti, para tu cuerpo, no sigas dietas de receta, busca la más apropiada para ti, la que te haga mejor.

«Alimenta tu mente
con pensamientos positivos»

La física cuántica ha comprobado hace años que la materia es el resultado del pensamiento: creamos nuestra realidad a partir de lo que pensamos. Para nosotros y para todos los demás, incluso para aquellos que no piensan como nosotros, cada día, cada mañana, es una excelente medicina para uno mismo y para el resto de la humanidad. Los pensamientos son energía, trascienden y viajan a todos lados, por ello también son tan poderosos como las cadenas de oración: «Cuando más de uno se reúna en mi nombre, ocurrirán milagros…».

Tener pensamientos de amor hacia el planeta que nos alberga, y sobre todo hacia NOSOTROS MISMOS, tal vez resulte repetitivo, pero nuestro principal saboteador somos nosotros mismos. Y si prestáramos atención a nuestros pensamientos y frases del día, nos sorprendería las veces que el pensamiento es negativo para nosotros mismos.

Solo podremos amar al prójimo si nos permitimos primero amarnos a nosotros mismos. El primer mandamiento dice: «Amar a Dios por sobre todas las cosas». Dios habita en nosotros, somos parte de él. Somos el templo. Primero, ámate a ti mismo y luego podrás amar todo lo demás.

Ejercicio n°. 3

Comienza cada día, apenas estés consciente de que despiertas, con un pensamiento positivo para ti, por ejemplo: «¡Hoy es un buen día! Todo en orden, todo en paz», y luego toma una inspiración.

A continuación, compartimos una hermosa oración para comenzar tu día:

Señor, en el silencio de este día que nace, vengo a pedirte PAZ, SABIDURÍA y FORTALEZA.

Hoy quiero ver al mundo con ojos llenos de amor, ser paciente, comprensivo, humilde, suave y bueno.

Ver detrás de las apariencias a tus hijos, como los ves tú mismo, para así poder apreciar la bondad de cada uno.

Cierra mis oídos a toda murmuración, guarda mi lengua de toda maledicencia, que solo los pensamientos que bendigan permanezcan en mí.

Quiero ser tan bien intencionado y justo que todos los que se acerquen a mí sientan tu PRESENCIA.

Revísteme de tu bondad, Señor, y haz que durante este día yo te refleje. ¡Gracias!

«El alimento del alma es la LUZ»

Bien, hemos tratado como alimentar el cuerpo y la mente, pero ¿cómo nutrir el alma? Somos la luz que conquistamos a lo largo de la vida, por ende, alimentar nuestra alma implica darle luz. Cultiva el amor y la bondad, la empatía, la solidaridad y la COMPASIÓN cada día de tu vida. No es necesario hacer grandes cosas o emprender proyectos titánicos, simplemente, sé LUZ en la oscuridad, permite que el Cielo te utilice como instrumento para traer paz en alguna situación de conflicto, amor donde haya miedo, alegría a quienes sientan tristeza y compasión en donde haya sufrimiento. Eso puede suceder en cualquier momento del día, con cada persona que interactuamos, con los animales. Sé con los demás como te gustaría que sean contigo, y así SERÁ.

Ejercicio nº. 4

Detente un minuto al rayo del sol, inspira y siente cómo entra en tu cuerpo esta energía radiante, nutriendo y alimentando cada célula. El sol es un SER que todo da, siempre brilla, da vida, siempre está y nada pide a cambio. Es el astro rey y padre de nuestra galaxia. Sigue su ejemplo y tu alma continuará evolucionando hacia la LUZ.

«Vive, respira y sé VERDAD»

Los seres humanos acostumbran decir cosas que no son verdad, las famosas «mentiras piadosas», con la creencia de que son inofensivas.

Para generar el despertar de la conciencia es necesario hablar en VERDAD, decir la verdad y sobre todo sentir la fuerza que esa verdad conlleva.

Cuando aprendemos a vivir y hablar de esa manera, nos convertimos en eso… en VERDAD, y le damos al universo el mensaje que SOMOS VERDAD. Ello liberará nuestro espíritu y comenzaremos a vivir en la LUZ viendo los aprendizajes más duros de la vida en espejo, en los demás, y no en nosotros mismos.

Jesús dijo: «La verdad os liberará», y así ES.

Cuando se miente, queda la sensación de estar en deuda. Cuando debemos, tememos que en algún momento nos reclamen el «pago». Cuando decimos la verdad, nada debemos y, por ende, nada TEMEMOS.

Muchas veces se dicen las cosas a modo de broma y generalmente esa broma contiene algo de verdad, entonces las palabras surgen de mala manera. Sin embargo, existe una forma intermedia de proceder…

Recuerda que lo que daña no es lo que entra en nuestra boca, sino lo que sale de ella.

Elige decirlo amorosamente, sin ironía ni broma y, por supuesto, sin burlarte. Tal como te gustaría que te lo dijeran a ti.

No hay más lugar para secretos de ningún tipo, es momento de la VERDAD, todo está puesto en la LUZ. Esa energía está descendiendo en la Tierra, por eso los velos comienzan a caer. Se está comenzando a «ver» en el planeta.

Ejercicio n°. 5

En tu día a día, procura decir la verdad, especialmente a tus hijos, pero también a los amigos y compañeros que comparten esta vida contigo.

A pesar de que puedas pensar que la verdad lastimará a los otros, cuando mientes te traicionas a ti mismo, y a la larga a quien más dañas es a tu SER. Busca decir tu verdad desde el lugar más dulce que encuentres en tu corazón. Verás los resultados que esto trae a tu vida en el mediano plazo. Sin embargo, es importante comprender la situación del otro antes de decir la verdad. Todo a su debido tiempo y en el lugar apropiado.

«*Vivir con GRATITUD en el corazón*»

La gratitud a la vida y al universo por lo que somos y hemos obtenido debería ser una constante en la vida humana, ya que es una maravillosa forma de ordenarnos.

Cuando aprendemos a vivir en gratitud, la sensación de paz y plenitud que experimentamos y la energía que irradiamos hacen que no necesitemos nada más, y eso nos permite confiar en que todo lo que suceda hoy y siempre será para el mayor bien de todos y los fines más altos, ese es el gran SECRETO que todos los grandes maestros de la historia conocen.

Jesús, antes de realizar cualquier milagro, agradecía de antemano, ya que sabía que el universo le daría todo lo que pidiera. El universo siempre nos da todo lo que pedimos, por ello es importante VIVIR EN GRATITUD.

Tal vez estés pensando que no tienes nada que agradecer o que te falta esto o aquello, pero debes saber que la mayoría de los seres humanos somos así, ya que respondemos directamente al ego, ¡que es el que siempre quiere más!

A pesar de ello, te invito a que busques en tu interior y agradezcas el regalo de la vida que tienes, el despertar cada mañana y aquello que ERES, más allá de lo que POSEAS o NECESITES.

La gratitud al SER nos permite transitar una vida en armonía y plenitud, pero sobre todo con PAZ INTERIOR. Muchos dirán: «La paz interior, la paz interior, ¿qué es?». Es nada más ni nada menos que aquello que sentimos cuando no necesitamos ABSOLUTAMENTE NADA MÁS…

Ejercicio n°. 6

Toma lápiz y papel y escribe una lista de las cosas por las cuales estás agradecido en esta vida: pareja, hijos, profesión, amigos, mascota, logros… lo que sea. Una vez que la termines, léela de nuevo y agradece al universo por cada una de ellas.

Capítulo 3

Trabajo personal

«Un buen ejemplo puede ser visto por muchos, no impone nada, es una realidad que invita a los demás a mirar hacia adentro. Un ejemplo vale más que mil palabras». Estas son las palabras de un gran sabio, Daniel Ferminades, que ha convertido su vida y su mundo en un ejemplo, que, a aquellos que lo conocemos, nos inspira y nos impulsa a imitarlo.

«La abundancia es la consecuencia de la plenitud interna»

Primero es necesario establecer la diferencia que existe entre riqueza y abundancia. La riqueza está relacionada con el mundo material, y es bien sabido que el dinero en sí no necesariamente trae felicidad, aunque con él se puede acceder a muchas cosas que sacian «temporariamente» al ego. Sin embargo, también es bien sabido que aquello que se consigue con dinero para satisfacer al ego y dar esa SUPUESTA felicidad dura muy poco, ya que, tan pronto el ego consigue lo que quiere, va en busca de algo más. El escritor Eckhart Tolle, en su libro *Una nueva Tierra,* ha descripto muy bien este aspecto de la personalidad humana.

Son muchísimos los casos de familias acaudaladas que se dividen por dinero, traiciones y engaños en empresas en donde no hay límites para tener más dinero. Es necesario entender que el dinero también es una energía que se materializa en billetes y que debe circular y fluir en armonía como todas las demás energías. Si es utilizada para un bien mayor, genera abundancia, de lo contrario, produce avaricia.

Existe una maravillosa herramienta del Cielo llamada «Sanación espiritual», que explicaremos brevemente más adelante, de la cual pudimos ser testigos y nos gustaría compartirla. Dicha experiencia nos sirvió para entender cuál es la diferencia entre riqueza y abundancia y cuáles son sus efectos. La abundancia tiene que ver con el alma y conlleva todas las riquezas espirituales y materiales también. La abundancia espiritual es aquella que satisface el espíritu y, por ende, comprende la energía del universo y pone en marcha la famosa y conocida «Ley de Atracción», que ha sido descripta por los grandes maestros de la historia de la humanidad y por escritores como Rhonda Byrne, autora del libro *El secreto*, a partir del cual también se hizo una película.

«Pide y se te concederá», dicen las Escrituras… Pide al universo abundancia y tendrás mucho más de lo que imaginas, ya que vendrá con un plus de felicidad.

Elige hacer lo que te llene más y recibirás alegría, satisfacción y éxito. Recibir con bondad, dar voluntariamente y agradecer por cada cosa que recibas aumentará tu prosperidad. Disfruta lo que tienes y el universo te dará más.

Ejercicio n°. 7

Arma una lista de aquello que desees obtener, pídelo de corazón y con FE al universo y espera a recibirlo.

*«El universo nos da
talentos para compartir»*

Vivir en conciencia implica un trabajo personal, una actitud generosa con la vida misma. El Cielo nos da virtudes para que, una vez ordenados, podamos compartirlos con nuestros semejantes. Cuando logramos hacer ese trabajo, el Cielo responde con más luz y abundancia. Sin embargo, si no cuidamos, compartimos y agradecemos este regalo, nos pueden ser quitados temporariamente para que recordemos el aprendizaje.

La mejor forma de cuidar nuestra LUZ interior, aquella que conquista nuestro SER en su vida, es seguir compartiendo con los demás aquello que hemos observado que funciona, con respeto, amor y sin imponernos.

Si en algún momento sientes que te fue quitado algo, agradece el aprendizaje; del mismo modo, toma responsabilidad por aquello que tú has quitado sin darte cuenta y sigue adelante, reinvéntate, es una oportunidad para recomenzar. De nada sirve quedarte en el dolor, sigue avanzando.

*«El amor crece en nosotros y en los otros
cuando ayudamos y compartimos
lo que hemos aprendido»*

Dedica el tiempo que tienes no solo a amar a tu familia, sino también a los demás. Si dentro de tu corazón hay amor, también lo habrá afuera. Recuerda: como es adentro es afuera…

Busca tu equilibrio y luego comienza a dar, comparte lo que has aprendido y brinda tu ayuda a los demás.

Somos un gran espíritu que abraza la materia. La UNIDAD es la VERDAD; la separación, la ILUSIÓN.

Recuerda que a cada luz humana el Cielo responde con mucha más luz, que se multiplica como Cristo multiplicó los peces y el pan. Así, precisamente, de unas pocas luces de seres despiertos, comenzará a expandirse el AMOR y cada vez habrá más.

«El poder del corazón es el más fuerte
de todos los poderes, en él se encuentra
la llave para acceder a la conciencia»

Existen muchas herramientas que el universo pone al alcance de nosotros para que las utilicemos en el trabajo personal de cada uno. En los años que llevamos en el programa de radio «Con luz propia», hemos aprendido y compartido con nuestros oyentes e invitados muchas de ellas. Comprendimos que todos los caminos, a pesar de ser innumerables, convergen en lo mismo. El Cielo es tan generoso que nos ha regalado desde el principio de los tiempos herramientas para que podamos empezar a comprender ese poder que radica en nuestro corazón y en nuestra conciencia: el poder del AMOR.

Algunas de las técnicas que han sido presentadas en el programa de radio son las siguientes: reiki, magnified healing, sanación benedictina, registros akáshicos, biodecodificación, memoria celular, feng shui, astrología espiritual, numerología, grafología, cuencos, yoga, aromaterapia, gemología, cartas angélicas, angelología, sanación arcturiana, constelación familiar, sanación espiritual en presencia del Cielo, lectura de aura de las rosas, focusing, significado de almas gemelas, terapias alternativas, masajes ayurvédicos, códigos sagrados, cábala, eutonia, cristaloterapia, terapia del sonido, terapia vibracional, shiatzu, tai chi chuan, reflexología, PNL (Programación neurolingüística), vidas pasadas, musicoterapia, hidroterapia, meditación, coaching, entre otras…

Recuerda que, independientemente de la herramienta, quien la dicta es un ser humano que está aprendiendo al igual que todos. Pon tus expectativas en lo recibido y no en quien lo brinda, de esa manera evitarás desencantos innecesarios.

El objetivo es que a través de estas herramientas puedas continuar con tu aprendizaje. Para saber cuál es la mejor para ti, busca en tu interior y practica aquella que vibre contigo y te haga sentir en PAZ. Más allá de la técnica que elijas, recuerda que cuando nos observamos por cualquiera de ellas actúa la LUZ de la CONCIENCIA y comienza el proceso de sanación.

Capítulo 4

El miedo es lo opuesto al amor

«Nuestro lado oscuro
es la RESISTENCIA.
Aquello que resistes PERSISTE»

Querrán engañarnos, pero con fe todo se aclara.

Tendremos miedos, inseguridades, dudas, pero la verdad saldrá a la luz.

El miedo es parte de la mente. Cuando aparece un pensamiento negativo, peleamos con él o intentamos sacarlo de nuestra cabeza. Lo cierto es que, al tener esa ACTITUD, le estamos dando más fuerza. Cuando eso suceda, lleva tu mano al corazón, respira profundo, y trae a tu mente un pensamiento positivo o uno que te rememore el amor. Eleva tus pensamientos para que el miedo no te envuelva, ya que el miedo es lo contrario del AMOR, aunque muchos crean que lo opuesto es el ODIO. El miedo no nos deja compartir, crecer, trabajar, avanzar y fluir con la vida misma. Incluso llega a enfermar nuestro cuerpo.

Si al despertar piensas que el día será difícil, duro, largo, o complicado, no tengas dudas que así será, ya que lo has decretado en el momento en que lo pensaste. En lugar de eso, bendice tu día cada mañana y, en vez de tener pensamientos negativos, llénate de pensamientos positivos, aunque te parezca que el día será difícil. Te sorprenderás al comprobar que estando PRESENTE frente a la energía positiva todo será mejor para el mayor bien de todos.

Despierta a tu sabiduría interior, cuando lo hacemos se activa nuestra protección azul, divina e inmensa.

«Dejar de ser víctimas
y pararnos en nuestros pies
potencia todo nuestro SER»

Las cosas que suceden tienen un motivo y llevan un aprendizaje, a veces es fácil entenderlo y otras veces no lo es. Está en cado uno elegir cómo transitar esa situación que nos presenta la vida. Se puede elegir ser víctima de los acontecimientos pensando que todo nos sucede a nosotros y que no se puede hacer nada. De esta manera, merman nuestras fuerzas, nos sentimos desdichados y generamos en los demás un sentimiento completamente tóxico para nuestro SER: la LÁSTIMA. Esta energía nos invalida y produce un espiral de autocompasión que puede dañar mucho y del cual es muy difícil salir.

Aunque también podemos elegir pararnos en nuestros pies, sosteniéndonos con dignidad y enfrentando los acontecimientos que nos corresponda, porque la vida no se enamora de nadie, es una gran maestra, y transitarla con entereza nos fortalece. Pararnos en nuestros pies, elegir tomar responsabilidad sobre lo que nos sucede y elegir NO ser víctimas potencia nuestro SER, nos devuelve la dignidad. Con esta actitud le estamos diciendo al universo: «Aquí estoy, de pie y con fuerza para enfrentar lo que me corresponda», porque no somos ningunos «pobrecitos». Para ello, recuerda que, cuando nacemos, el Cielo nos designa un guía y un protector, también conocido entre los niños como «el ángel de la guarda», cuya misión es acompañarnos en nuestro tránsito en la Tierra. Invócalos cuando necesites de ellos, están las veinticuatro horas del día allí esperando poder ayudarnos… aunque solo pueden hacerlo si lo pedimos por voluntad propia.

«El fanatismo no conduce al Cielo»

El fanatismo es la visión desvirtuada de la realidad, es la pasión mal dirigida. La fuerza y la agresión del tigre y del león mal encauzadas. Es querer convencer a los demás de nuestros ideales y pensamientos sin tener en cuenta las necesidades de cada uno.

En el proceso del despertar de la conciencia hay que estar muy atentos y conscientes de no dejarnos llevar por la influencia que algunas personas ejercen de manera eficaz a través de esa energía.

Si bien puede no ser con mala intención, lo cierto es que termina afectando nuestras vidas y, en algunos casos, desviándonos del camino, ya que nos lleva a pensar que seguir a un fanático es lo que se debe hacer. Respetar las ideas de los demás es un ejercicio que alimenta el alma, mas respetar nuestras propias ideas es estar bien parados en nuestros pies. Existen varias técnicas que ayudan al camino del despertar de la conciencia, pero muchas de ellas están en manos de fanáticos. Seguir nuestra propia intuición y lo que nos dice el corazón es la única manera de no caer en las redes del fanatismo que por años ha dividido y segmentado a la humanidad. Es el momento de UNIÓN de la humanidad desde el corazón, donde cada individuo es PARTE del TODO. Sigue tu voz interior y procura tener discernimiento de lo que dices y escuchas.

Por favor, no te dejes llevar por charlatanes, recuerda que el verdadero maestro es aquel que nos enseña a encontrar nuestro propio camino y no a seguir el suyo.

«La meditación diaria nos conecta con nuestra esencia»

Aunque pensemos que este es un mundo donde parece dominar la tragedia y la intolerancia, y donde hablar de AMOR es hasta cursi, existe un refugio en el que verdaderamente reina el amor universal. Ese mundo está a disposición de quien quiera abrir la puerta. ¿Dónde se encuentra ese centro de amor y plenitud? Ese dominio de paz se encuentra en el SILENCIO… en el silencio de solo SER. Allí reside la divinidad. Cuando, a través de la concentración, prestamos atención a esa voz interior, nuestra vida se enriquece y evolucionamos. Te preguntarás cómo entramos en ese silencio, pues lo hacemos a través de la meditación. Existen muchas técnicas para meditar, incluso en distintas posiciones. Lo importante es que mediante ellas entremos en un estado de conciencia desconectándonos del mundo exterior, de lo cotidiano y sintonizando con nuestro interior.

Cuando nos sentamos en silencio y concentramos la atención hacia adentro, la conciencia del yo se fortalece y se revelan las dimensiones espirituales del alma. Cuando nos concentramos en nuestro existir, retornamos a la unidad de lo que somos, a nuestro yo infinito. En esa unidad empezamos a descartar la idea de dualidad que nos separa de nuestra divinidad. Esa dualidad se basa en lo falso, la negatividad, el miedo, el nerviosismo, la enfermedad, el dolor y el desencanto, todo lo cual se vuelve real cuando no estamos en sintonía con nuestro yo divino. Al meditar utilizamos energías cósmicas que, a su vez, iluminan y energizan nuestros centros energéticos o chakras. La energía se centra en el chakra corazón. Al meditar activamos la luz del amor incondicional, que crece más con cada meditación. Debemos recordar que el centro del corazón es la corporación de la conciencia de Cristo o sede del alma. Cuanto más nos concentramos en este centro más evolucionan los sentimientos de amor incondicional y más transformamos todos los aspectos de nuestra vida e influimos en quienes entran en contacto con nosotros.

En esencia, la meditación no solo implica estar inmóvil sin pensar en nada, sino poner atención y enfocarnos en lo que estamos haciendo, aquietando la mente y permitiéndonos disfrutar del estado de PRESENCIA. Por ejemplo, esta misma focalización se puede lograr mientras pintamos, cantamos, actuamos, cuidamos el jardín, escribimos, trabajamos, hacemos ejercicio, escuchamos música, conducimos ¡y hasta cuando leemos este libro! Cada vez que sintonizas la fuerza creativa que existe dentro de ti, en esencia, estás meditando.

Ejercicio n°. 8

Busca un lugar donde puedas permanecer unos minutos en silencio y sin distracciones. Cierra los ojos y concéntrate en la respiración, que debe ser lenta, profunda y sin esfuerzos, a partir del vientre. Inhala por la nariz muy profundamente e imagina que una luz dorada atraviesa tu chakra corona, (parte superior de tu cabeza), y recorre todo tu cuerpo envolviéndote. Si notas alguna molestia física, detente un segundo y visualiza una luz verde, esto te ayudará a reparar esa dolencia. Con cada respiración tus energías serán renovadas por otras más elevadas; de esta manera, cambiarás tu frecuencia vibracional. Cuando finalices las respiraciones y abras los ojos, notarás una gran diferencia, tanto en tu cuerpo como en tu mente. Con la práctica verás que mejora tu nivel de concentración.

«El karma no es la venganza del universo,
es el reflejo de tus acciones»

Es muy común pensar que cuando algo malo sucede en la vida el responsable es el karma. El karma es aquello que traemos no resuelto de otras vidas y de esta también. Sin embargo, no hay que temerle, siempre y cuando comprendamos que, a través de la ley de Balance o Equilibrio, atraemos para nuestro aprendizaje acciones, situaciones, condiciones y personas que contribuirán a ello.

Por esta razón, el karma NO ES LA VENGANZA DEL UNIVERSO, sino el REFLEJO DE TUS ACCIONES. Todo lo que sale de ti regresará a ti también, por lo tanto, no concentres tu atención en lo que esperas recibir en la VIDA, sino ocúpate por lo que tú DAS. Recuerda que el universo no está ni castigando ni bendiciendo, sino que responde a la actitud y a la vibración que emites.

*«Dejar de sentir CULPA
para asumir RESPONSABILIDAD»*

Lamentablemente, hemos recibido la impronta de culpabilidad a través de distintas religiones. La culpa es un sentimiento absolutamente dañino para nuestro SER, tanto que nos puede producir enfermedades en nuestro vehículo físico, es decir, en nuestro cuerpo. Podríamos decir que así como el MIEDO es lo opuesto al AMOR, lo opuesto a la FELICIDAD es la CULPA. Ella nos conduce a la nada misma.

En cambio, si en vez de sentirnos culposos de alguna situación comenzamos a SER RESPONSABLES de ella, ese proceso no solo nos abrirá la conciencia, sino que nos fortalecerá y nos ayudará a crecer conscientemente, para entender y relacionarnos con nuestro entorno desde ese lugar de responsabilidad ante la VIDA. La culpa es una prisión, la responsabilidad es la libertad consciente.

Capítulo 5

No estamos solos.
Cómo descubrir nuestros guías y ángeles

«Estamos siempre acompañados
por seres de dimensiones superiores»

Hoy más que nunca la humanidad necesita estar asistida por energías celestiales, ya que el hombre ha atendido tanto los asuntos de la materia que ha olvidado atender los del espíritu. Es por ello que el Cielo ha enviado ángeles y arcángeles actualmente encarnados para cumplir el plan divino de traer el Cielo a la Tierra.

Podemos comunicarnos con los guías, los ángeles, los arcángeles y otras energías de la luz a través de la invocación, hablándoles con amor y FE. Recuerda siempre que ellos pertenecen a una jerarquía de conciencia superior a la humana y por esta razón, cuando nos comunicamos con ellos, debemos hacerlo con todo nuestro respeto y amor.

Ellos nos responden inmediatamente y de distintas maneras: a través de una canción, del cartel donde se posa nuestra mirada, de aquellas cosas que suceden cuando las pedimos, del asiento que se libera cuando viajamos, de la nota que leemos en una revista, del comentario que nos hace el verdulero, de las frases en apariencia incoherentes que dicen los niños, del aroma de una flor. En nuestra experiencia hemos observado que, al formular una pregunta al Cielo, la respuesta nos ha llegado a través del número 33, plasmado en una patente de un auto, el número de un colectivo, la altura de una avenida. El 33 representa la *energía crística*, es un número maestro en la numerología y, en los códigos sagrados, es el número de los milagros. Si observas que algún número se repite mucho en tu vida, probablemente esa sea la forma en que tus guías están intentando comunicarse contigo. Si sientes que es así, entonces agradéceles la confirmación y seguramente cuanto más reconozcas esos gestos más frecuencia tendrán en tu vida. Recuerda que los guías nunca nos abandonan, están siempre con nosotros, pero además, si estás atento, podrás comunicarte con ellos sin intermediarios.

Los ángeles son el ejército de Dios y custodian su amor.

Nada nos puede faltar si comenzamos a leer las señales del universo, ya que el Cielo nos habla y nos asiste en cada momento.

Tu ángel te dice: «Te susurro, me dirijo a ti de todas las maneras, hasta he tratado de despertarte con el dolor más grande. Hay ejércitos de ángeles tratando de guiarte, pero tu SOBERBIA no permite abrir tu corazón… Por favor, despierta».

«La FE explica todo aquello
que los sentidos no pueden captar»

La FE es aquello que explica todo lo que nuestros sentidos de tercera dimensión no pueden captar. Cuando comenzamos a creer y sentir sin ver, emerge la fuerza de la Fe. Dios está en todo y en todos, cada mañana, en cada despertar, en cada suspiro y en cada lágrima también. Estamos protegidos por el Cielo. La FE no se puede explicar, hay que experimentarla. Deja tu vida en manos de Dios y solo CONFÍA.

«Dios solo nos envía ángeles»

Seguramente alguna vez te has encontrado perdido, con miedo, con preguntas sin respuesta, y de repente apareció una persona, un amigo, un familiar, que llegó con la palabra justa y el mensaje que necesitabas. Por eso se dice que Dios solo nos envía ángeles, ya que él se acerca a nosotros a través de esos sorpresivos encuentros. Cuando alguien sorpresivamente ingrese o vuelva a tu vida, ten presente este mensaje.

Las huestes de Dios

Las huestes de Dios tienen como misión proteger el AMOR, dado que es la energía más elevada que existe en el planeta. Es la Divinidad misma. En estas líneas encontrarás información que te ayudará a conocerlas y conectarte con ellas cuando lo necesites. Los ángeles y los guías están siempre entre nosotros y esperan que pidamos su asistencia, solo así pueden ayudarnos, ya que respetan la Ley Cósmica del libre albedrío humano.

Los arcángeles son siete y cada uno de ellos es el guardián de un rayo.

Arcángel Jofiel

Príncipe de la ILUMINACIÓN, protege y guía el día lunes con la llama de la sabiduría y el entendimiento. Nos ayuda a comprender la realidad sustancial e ilimitada de la divinidad y nos brinda asistencia para que nuestros anhelos, ideas y proyectos se concreten.

· Color: amarillo.

· Sahumerio: mil flores.

· Ley del Presente: Vive lo que existe hoy. Libera el pasado y el futuro.

Arcángel Chamuel

Príncipe de la ADORACIÓN, protege y guía el día martes bajo la consigna «Sin la fuerza del amor nada existiría en el universo». Ayuda a contemplar la luz del amor en la conciencia cotidiana, nos libera y perfecciona tanto física como espiritualmente.

· Color: rosa.

· Sahumerio: rosa y miel.

Arcángel Gabriel

Comunicador celestial de la palabra divina. Es quien protege y guía el día miércoles. Afina nuestro discernimiento y nuestra intuición, nos muestra el sendero correcto para que podamos cumplir nuestra misión en este mundo. Purifica nuestros electrones y nos ayuda a ascender nuestra verdad individual en un marco de pureza y felicidad.
· Color: plateado.
· Sahumerio: sándalo.

Arcángel Rafael

Es el sanador DIVINO, protege y guía el día jueves. Cura nuestro cuerpo, nuestra mente y nuestra alma. Alivia el sufrimiento y nos brinda toda la salud y el bienestar que se encuentran en nuestra divinidad interior.
· Color: verde.
· Sahumerio: jazmín.
· Ley del Equilibro: Equilibra tus chakras; restableciendo el flujo de energía tendrás claridad.

Arcángel Uriel

Príncipe de la ILUMINACIÓN y del conocimiento, protege y guía el día viernes. Con la llama del conocimiento disuelve la oscuridad y las sombras y, de esta manera, revela amorosamente la luz del Creador. Otorga siempre el amparo y la provisión material y espiritual que le son requeridos.

· Color: naranja.

· Sahumerio: canela.

· Ley de Orden Cósmico: Define si estás viviendo un aprendizaje o una oportunidad y aprovecha la situación independientemente del resultado.

Ejercicio n°. 9

Invocar al arcángel Uriel, inclinar el mentón al pecho y decir: «Amado Arcángel Uriel, te pido que nos ilumines con tu llama de abundancia y vitalidad sin fin. Que la luz esté en mi vida. Amén».

Arcángel Zadquiel

Príncipe de la TRASMUTACIÓN, protege y guía el día sábado. Con el poder de la llama violeta ayuda a limpiar y a regenerar nuestro cuerpo físico y a borrar de nuestra mente y nuestro corazón las huellas de traumas y tristezas, fracasos e infelicidad.

· Color: violeta.

· Sahumerio: violeta.

· Ley de los Maestros: Agradece la presencia de maestros y guías en tu vida, y encuentra su mensaje.

<u>**Arcángel Miguel**</u>

Príncipe de la PRESENCIA, protege y guía el día domingo. Acude a ayudarnos con la energía del amor divino cortando ataduras discordantes, liberándonos del dolor y el sufrimiento, de problemas y dificultades, así como de pensamientos agobiantes.
· Color: azul
· Sahumerio: ruda.
· Ley de la Intención: Define claramente tu intención.

Ejercicio n°. 10

Este es un ejercicio de limpieza áurica que se puede realizar antes de acostarse a dormir.

Invocar al arcángel Miguel, inclinar el mentón al pecho y decir: «Amado Arcángel Miguel, te pido que cortes todos los lazos energéticos que me unen a otras personas liberándome a mí y a ellos de cualquier energía que no pertenezca a la luz».

En caso de que estés muy agotado o sientas que te inunda el mal humor, mientras te das una ducha puedes esparcir un puñado de sal gruesa sobre tu cabeza y dejar que el agua corra llevándose los granos de sal.

Recuerda que cuanto más invoquemos la asistencia de los ángeles y guías en nuestra vida diaria más estaremos contribuyendo a TRAER EL CIELO A LA TIERRA.

Capítulo 6

Más allá de nosotros mismos

«La comunidad es el encuentro
de personas afines en el alma»

Tal como indica la palabra, «comunidad» es una COMÚN UNIDAD, e implica comenzar a vivir en una hermandad donde el AMOR es la religión que nos reúne y no la que nos divide, como sucede en la actualidad. Esto solo es posible si abrimos nuestro corazón a esa posibilidad. Para ello es necesario trascender el apego material y practicar la generosidad y la bondad del corazón.

Los seres humanos afines en el alma están comenzando a rencontrarse uniéndose en comunidades para compartir el proceso del despertar. El sistema familiar conocido hasta ahora comienza a expandirse y lo hace a través de la comunidad.

Observa cómo es la comunidad que te rodea, tus amigos, tus amistades, cómo te sientes luego de verlos… La comunidad es alimento para el alma. Busca en tus relaciones esa intención.

«A mayor poder espiritual,
mayor humildad en el corazón»

Muchas veces sucede que aquellas personas que van tomando conocimiento de técnicas espirituales, y por ello comienzan a despertar en conciencia, sienten que poseen mayor poder que los demás, el poder del conocimiento, y empiezan a tener actitudes de soberbia. El Cielo, además de AMOR y COMPASIÓN, es HUMILDAD. Por más que comencemos a tomar conciencia del poder que da el Cielo a aquellos que despiertan en conciencia, es más necesaria la actitud de HUMILDAD. **La energía máxima del universo honra al alma que despierta en conciencia.**

«Un universo INMENSO»

Sentada en el jardín de mi casa pude comprender la dimensión del universo. Mi atención se detuvo en una pequeña hormiga que intentaba atravesar el pasto. Allí comprendí su infinita dimensión: mi jardín, mi casa, el barrio son una dimensión y una realidad a la vez. A medida que más elevaba mi conciencia, mayor era la sensación de inmensidad del universo y de cómo somos observados desde planos superiores. A pesar de que ellos son INMENSOS, y nosotros muy pequeños, ven y siguen nuestros pasos con compasión y paciencia a cada momento, como lo hace una madre cuando su bebé da sus primeros pasos. Es una bendición tomar conciencia de la magnitud de este hecho, ya que nos sitúa en el lugar que nos encontramos, en la tercera dimensión, y donde frente a ellos no debería existir lugar para la soberbia, solo predisposición para recibir.

Te invitamos a hacer este ejercicio y detener tu atención en algún ser tan pequeño como un insecto y desde allí comenzar a expandirte.

«Cada uno de nosotros
es una pieza importante
para el universo»

A las 3.33 sentí en mi corazón la importancia que cada uno de nosotros tiene en el universo, por más pequeños que seamos… Así como rondaba mi mente, la respuesta llegó a través de esta hermosa expresión de mi compañero de vida: «Si tiramos una pequeñita piedra en un lago, la onda de expansión que generará será inmensamente mayor que el propio tamaño de la piedra». Esto me llevó a pensar que, por más pequeños que seamos como seres dentro del universo, las consecuencias de nuestros actos son mayores de lo que imaginamos. Es por ello que el despertar de la conciencia implica tomar responsabilidad sin buscar culpables ni juzgar al otro. Entendemos que no existen culpables, sino RESPONSABLES. Tomar conciencia y buscar en el interior de cada uno hará que se fortalezca y evolucione nuestro SER.

«Hay suficiente para todos»

La Tierra es considerada un planeta de quinta dimensión con recursos naturales suficientes para todos los seres que la habitan. Las sociedades evolucionadas consideran esta afirmación como una de las leyes más importantes, ya que al declarar que hay «suficiente para todos» estamos confiando en que el universo nos proveerá todo aquello que necesitemos. Ahora bien, debido a la ambición y a la desmedida necesidad de acaparar de los hombres, la riqueza del mundo está mal distribuida. Aunque parezca difícil de creer, el 80 % de la riqueza mundial está en manos del 3 % de la población. Esto indica que solo unos pocos manejan el capital del mundo. De todas maneras, si internalizamos esta afirmación estaremos diciéndole al universo que confiamos en que recibiremos aquello que necesitamos para nuestra evolución. Agradecer lo que tenemos atraerá lo suficiente.

«Todos somos UNO»

Esta es la verdad universal más absoluta. El despertar de la conciencia es para TODA la raza humana y no excluye a nadie.

Cuando comenzamos a ser conscientes de esta verdad, podemos entender que si lastimamos o hacemos mal a los otros también nos afectará a nosotros mismos, ya que, al ser todos uno y estar interconectados por el gran espíritu, el mismo que respiramos y nos da vida, ese daño que producimos tarde o temprano también nos perjudicará.

Comprender y vivir esta gran verdad nos hace ser mejores personas y, por ende, desarrollar nuestra empatía con los demás. No alcanza con ponerse en los zapatos del otro, primero hay que SACARSE los propios.

Si cuidamos, amamos y respetamos al otro, nos estaremos cuidando, amando y respetando a nosotros mismos. Esto incluye a todos los seres vivos del planeta ¡y al universo también!

Siempre que hagas algo para los demás, hazlo como si fuera para ti mismo y, de esta manera, pondrás tu mejor intención, y aunque no salga como lo esperabas, estará teñido de esa energía y el otro no lo recibirá mal.

Existe una única fuente que nos reúne a todos. Muchos artistas, cantantes y escritores han expresado en su arte esta maravillosa VERDAD: TODOS SOMOS UNO.

> *«La energía máxima del universo*
> *se rinde a los pies del alma que*
> *despierta en conciencia»*

Existe tanta asistencia celestial que tal vez no es comprensible para la mente humana. Los seres celestiales están a la espera de que nuestro SER despierte en conciencia y entre en sintonía con el amor universal. Cuando esto sucede y entramos en esa frecuencia, sintonizamos con todas estas energías, de esta manera, pueden asistirnos guiando nuestra voluntad para cumplir nuestro propósito en la vida.

Al despertar comprendemos nuestra tarea planetaria, y esto es semejante al capullo de una rosa que lentamente va floreciendo. En ocasiones nos angustiamos porque no comprendemos cuál es nuestra misión en la vida, sin embargo, esa información llegará en el momento que estemos preparados para recibirla y con la voluntad para ponerla en marcha. La vida nos va preparando y equipando con distintas herramientas, que, en el momento indicado, podremos utilizar para llevar a cabo exitosamente nuestra misión. En ese preciso momento es cuando la energía máxima del universo se rinde a los pies del alma que despierta en conciencia, pone a nuestro alcance todo aquello que nuestra alma necesita y nos transforma en verdaderos Gladiadores del AMOR.

La Gran Invocación es una plegaria mundial, traducida a más de setenta y cinco idiomas y dialectos, que transforma y eleva la vida de quienes la recitan y a su comunidad, lo que contribuye a que el PLAN DE DIOS en la Tierra adquiera su expresión plena. Emplear la Gran Invocación es un acto de servicio a la humanidad. Expresa ciertas verdades esenciales que un gran número de personas aceptan innata y normalmente:

·Que existe una inteligencia a la que llamamos «Dios».

·Que en el universo existe un plan divino evolutivo cuyo poder motivador es el AMOR.

·Que un avatar vino a la Tierra para que pudiéramos comprender que el amor y la inteligencia son efectos del PROPÓSITO, la VOLUNTAD y el PLAN de DIOS. Muchas religiones esperan su retorno.

· Que solo a través de la humanidad puede llevarse a cabo el PLAN DIVINO.

El universo necesita evolucionar, y la Tierra junto con él.

El proceso será en paz y en orden. Podemos preparamos haciendo nuestro trabajo personal, intentando ser NUESTRA MEJOR VERSIÓN a cada momento, poniendo en práctica todo aquello que hemos aprendido, la FE, la voluntad, el AMOR, lo que sabemos enriquece nuestro espíritu. Haz todo en su nombre, recordando que DIOS ve todo lo que hacemos, aunque nadie lo haga.

LA GRAN INVOCACIÓN

Desde el punto de Luz en la Mente de Dios,
Que afluya luz a las mentes de los hombres;
Que la Luz descienda a la Tierra.

Desde el punto de Amor en el Corazón de Dios,
Que afluya amor a los corazones de los hombres;
Que Cristo retorne a la Tierra.

Desde el centro donde la Voluntad de Dios es conocida,
Que el propósito guíe a las pequeñas voluntades de los hombres;
El propósito que los Maestros conocen y sirven.

Desde el centro que llamamos la raza de los hombres,
Que se realice el Plan de Amor y de Luz
Y selle la puerta donde se halla el mal.

Que la Luz, el Amor y el Poder restablezcan el Plan en la Tierra.

Un mensaje muy especial…

«Comenzarás a conectarte con almas hermanas despiertas. Todo tiene un propósito, se avecinan cambios trascendentales en la humanidad, despierta a la luz de la conciencia. Si este libro llegó a tus manos y estás leyendo estas líneas en este momento, no es casualidad, es porque el momento del despertar de TU conciencia es AHORA. Que tu vida sea para el mayor bien de todos los que te conocen y los fines más altos del Cielo».

«Hazte un favor y brilla con luz propia.

Ve por la vida con paso firme, no de puntitas.

Cree en tus propias ideas y sensaciones, aquellas que atraviesan tu cuerpo y tu alma.

Escucha los consejos de los demás, pero arriésgate a tomar tu propio camino, ese que se revela en tu interior cuando sientes en tu corazón la certeza de que es el correcto, así es como él nos habla».

Dios te bendiga… Abrazos de luz.

Nada es casual, todo es parte de un plan divino

Podemos dar fe de esto con nuestra propia historia, el Cielo nos asignó un tiempo y un espacio muy especiales en la Tierra para conocernos, hecho que sucedió durante un retiro espiritual de diez días en la Patagonia. Inmediatamente descubrimos que éramos almas afines. Al poco tiempo, Laura se sumó al programa de radio «Con Luz Propia». Este trascendental hecho tansformó un simple programa radial en una maravillosa tarea planetaria, que luego se materializó en este libro, fruto de la participación de valiosos colaboradores, «compañeros de ruta», y también de nuestros maravillosos seguidores, tanto del programa radial como de nuestra *fan page* de Facebook®, quienes amorosamente comparten sus experiencias y nos regalan constantemente todo su afecto.

Es nuestro deseo que este libro se transforme en una herramienta facilitadora en el divino desafío del despertar de la conciencia, que es una tarea personal e indelegable. Compartimos lo aprendido en nuestro camino espiritual, sin atribuirnos mandatos celestiales ni verdades absolutas, sino invitándolos a prestar mayor atención a esas cosas que ya resuenan en sus almas, con la esperanza que logren alcanzar una vida plena y ordenada. Somos seres espirituales y sentimos que la espiritualidad es vivir la vida con AMOR, sintiendo a Dios en todo, sin dogmas que infundan miedo y culpa, sintiendo que el amor nos completa y expande nuestro ser, entendiendo que nada nos separa, ya que TODOS SOMOS UNO.

Sentimos que existe una sola religión: el AMOR. Un solo lenguaje, el del CORAZÓN.

Si buscas quien te inspire, no te fijes en modelos de barro ni en héroes vacíos, mira al cielo y busca el SOL, el padre de nuestro planeta, sin él nada existiría, siempre da todo. Irradia su luz sin pedir nada a cambio. Intenta irradiar amor desde el centro de tu corazón, deja que se expanda. Trabaja por la finalidad de la obra, no por la satisfacción que te proporcione.

Ama por lo que puedas dar y no por aquello que ese acto te pueda aportar. No pidas nada, concéntrate en lo que tienes para brindar y todo será tuyo, en una conciencia más amplia y plena de la que ahora conoces.

Abrazos de Luz.

Claudia & Laura

Agradecimientos

Queremos agradecer a nuestros oyentes del programa, a nuestros invitados, a nuestros amigos y a todos aquellos seres que se han cruzado en nuestro camino, porque todos ellos, incluidas nuestras familias y muy especialmente nuestros compañeros de vida, nos ayudan a ser cada día mejores.

Gracias a Dios porque todos los días seguimos aprendiendo.

Con Luz Propia Radio

Referencias bibliográficas

Beltrán Anglada, Vicente (2008). *La jerarquía, los ángeles solares y la humanidad*, Edición Electrónica N.° 1, Barcelona, España.

Byne, Rhonda (2008). *El secreto*, editorial Urano, Buenos Aires, Argentina.

De Miguel Campos, Lola (2014). *Constelaciones familiares*, editorial Obelisco, Barcelona, España.

Ferminades, Daniel (2012). *Verdades develadas desde la conciencia*, editorial Caputo Consultores y Asociados, Buenos Aires, Argentina.

Tolle, Ekhart (2014). *La nueva Tierra*, editorial El Ateneo, Buenos Aires, Argentina.

......................(2009). *El silencio habla*, Gaia Ediciones, España.

Van Praagh, James (1998). *Hablando con el cielo,*editorial Atlántida, Buenos Aires, Argentina.

Walsch, N. D (2011). *Conversaciones con Dios*, Ediciones de Bolsillo, Buenos Aires, Argentina.

(2013). *Despertad, hijos de la luz*, editorial Kier, Buenos Aires, Argentina.

Índice